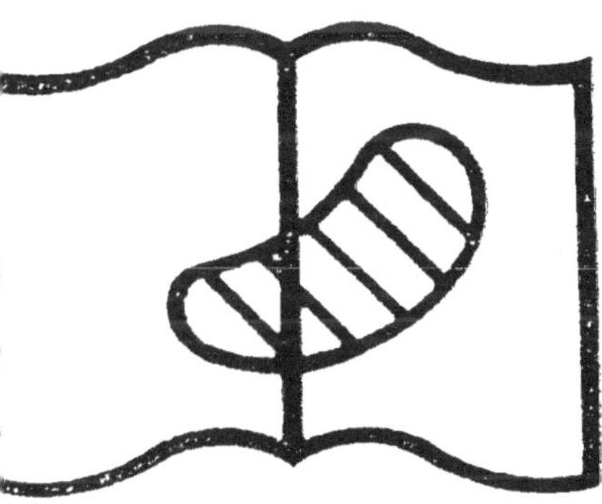

Illisibilité partielle

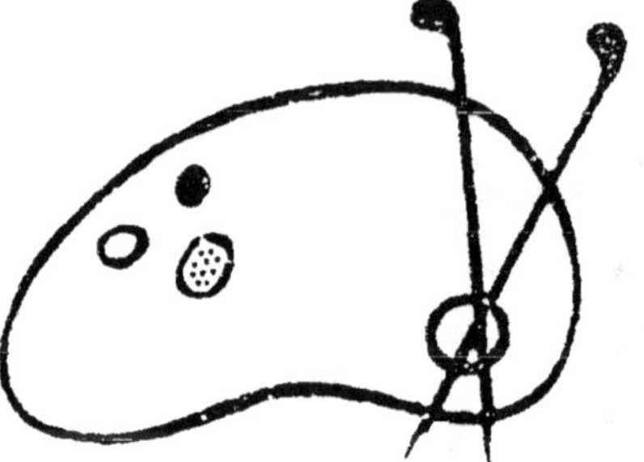

Couvertures supérieure et inférieure
en couleur

L'ÉMANCIPATION

ET

L'ESCLAVAGE

PAR

H. WALLON

Extrait du **CORRESPONDANT**.

PARIS

CHARLES DOUNIOL, LIBRAIRE-ÉDITEUR

29, RUE DE TOURNON, 29

1861

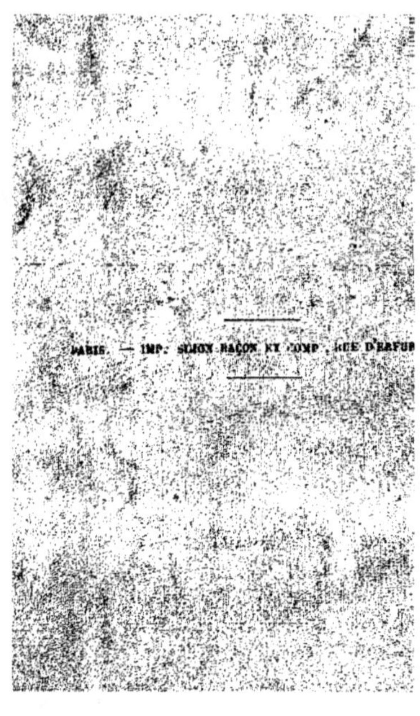

PARIS. — IMP. SIMON RAÇON ET COMP., RUE D'ERFUR...

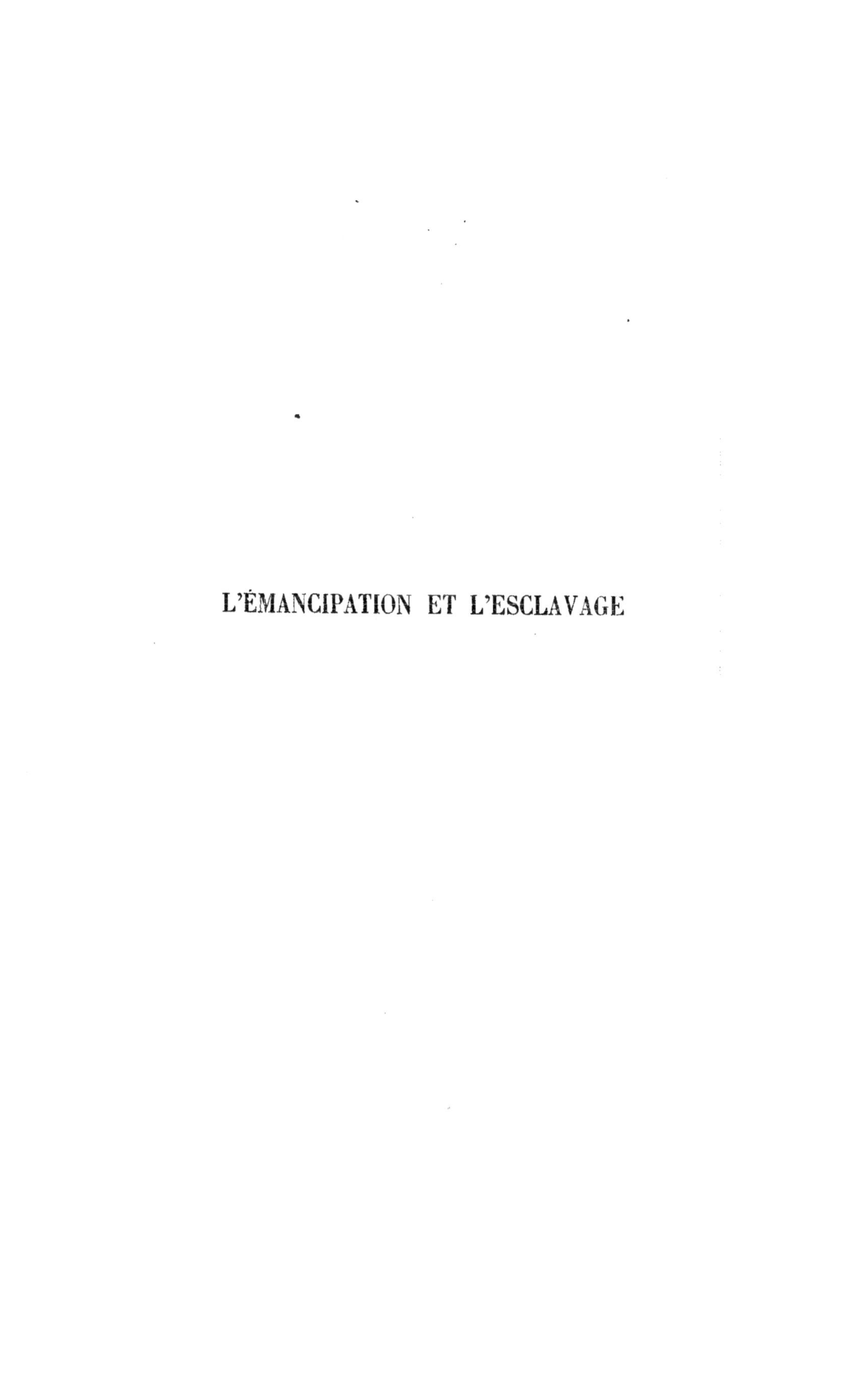

L'ÉMANCIPATION ET L'ESCLAVAGE

PARIS. — IMP. SIMON RAÇON ET COMP., RUE D'ERFURTH, 1.

L'ÉMANCIPATION

ET

L'ESCLAVAGE

PAR

H. WALLON

Extrait du CORRESPONDANT.

PARIS

CHARLES DOUNIOL, LIBRAIRE-ÉDITEUR

29, RUE DE TOURNON, 29.

1861

L'ÉMANCIPATION ET L'ESCLAVAGE[1]

I

L'abolition de l'esclavage a été soudaine en France. Elle a été résolue presque au lendemain de la Révolution de Février, et décrétée quelques jours avant la réunion de l'Assemblée constituante : en moins de temps qu'il n'en avait fallu pour que la France envoyât ses représentants à la nouvelle Assemblée, la commission instituée par le décret du 5 mars avait accompli son œuvre. Mais, si soudain que ce grand acte ait paru être, il était préparé dès longtemps. Il était préparé, je ne dis pas seulement par le vœu de tous les hommes vraiment chrétiens et par le mouvement de l'opinion ; il était préparé par toutes les mesures qui, depuis la grande agitation excitée à la voix de Wilberforce, attaquaient l'esclavage dans ses sources, dans ses développements, dans sa constitution : par l'abolition de la traite, proclamée dès 1807 en Angleterre et inscrite dans le droit public européen au congrès de Vienne (1815), à Aix-la-Chapelle (1818), et à Vérone (1822) : — quel démenti plus éclatant donné aux théories qui faisaient de l'esclavage comme un acheminement de la barbarie à la

---

[1] *Abolition de l'Esclavage*, par M. Augustin Cochin, ancien maire et conseiller municipal de la ville de Paris. — Jacques Lecoffre, éditeur, 1861, 2 vol. in-8.

civilisation?—par l'abolition de l'esclavage en Angleterre, conséquence légitime de l'abolition de la traite : grande mesure provoquée par la motion de M. Buxton le 15 mai 1823, et accomplie à dix ans d'intervalle par le bill de lord Stanley (1833). Il était préparé par tous les livres, les discours, les projets de loi, qui battaient en brèche les derniers réduits de l'esclavage, et ne laissaient plus que le choix entre les divers modes d'affranchissement.

La Restauration avait adhéré à l'abolition de la traite. Le gouvernement de 1830 se devait à lui-même d'accomplir l'émancipation. Cette cause rallia dès l'origine nos orateurs les plus éminents et nos premiers hommes d'État : MM. de Broglie, Guizot, Berryer, Lamartine, Passy, de Tracy, de Tocqueville, de Beaumont, de Rémusat, de Montalembert, et bien d'autres encore. Tout d'abord, la traite fut supprimée en fait comme en droit, l'esclavage mieux surveillé, l'affranchissement rendu plus facile, les voies frayées à l'émancipation générale. Mais il fallait arriver au but, et l'exemple de l'Angleterre était comme un reproche et un aiguillon pour tous. L'apprentissage de sept ans, que le bill du 28 août 1833 avait établi, comme transition, entre le don et la jouissance de la liberté, n'avait pas même duré jusqu'au terme fixé. Le 20 février 1838, lord Brougham avait demandé qu'il fût supprimé à partir du 1ᵉʳ août suivant, et le bill fut voté le 11 avril. L'Angleterre avait achevé, que la France n'avait pas commencé encore! On résolut de peser sur le gouvernement par tous les moyens d'action qu'offrait le régime parlemenaire, les interpellations, les propositions : M. le duc de Broglie, M. Isambert, mirent en demeure le ministère dans les deux Chambres ; M. Passy fit prendre en considération un projet de loi qui déclarait libre tout enfant né d'esclave, et donnait à chacun le droit de se racheter (10 février 1838), proposition qui fut l'objet d'un beau rapport de M. de Rémusat : on tarissait les sources de l'esclavage et l'on aidait à en sortir, mais on n'en tirait pas ; on se bornait à le réduire, pour dernier terme, aux générations présentes. C'était l'émancipation par la naissance, le rachat ou la mort. On pouvait donc faire davantage : sous ce prétexte, on ajourna encore. Une commission fut nommée pour examiner la question dans son ensemble, et on lui doit le grand et célèbre rapport de M. le duc de Broglie. Le rapporteur établissait d'abord que l'esclavage devait être aboli, et que la question ne pouvait plus être ajournée sans péril pour les colons eux-mêmes. Entre les trois systèmes qui se présentaient à la discussion, l'émancipation simultanée et immédiate, l'émancipation simultanée mais différée, et l'émancipation progressive, la commission se prononçait pour le second : l'émancipation générale après un délai de dix ans ; et le reste du rapport était consacré aux mesures qui devaient préparer le gouvernement, les maîtres et les esclaves eux-mêmes, aux conditions nouvelles faites à chacun.

Comment des conclusions si fortement étudiées, si réservées et si prudentes, n'ont-elles pas été immédiatement suivies d'un vote? Si l'exemple de l'Angleterre, si l'abolition, non-seulement décrétée mais déjà accomplie dans les colonies voisines des nôtres, nous faisaient un devoir et une nécessité de la décréter aussi chez nous, n'était-il pas urgent de commencer, du moins sans plus attendre, cette période de dix années jugée nécessaire pour préparer les esclaves à la liberté? On différa pourtant; on attendit : on attendait encore lorsqu'éclata la Révolution de Février.

On le voit donc, la question était mûre quand elle fut résolue : on n'en pourrait pas dire autant de tous les actes de ce temps-là.

Treize ans se sont écoulés, et voici un ouvrage nouveau qui s'appelle l'*Abolition de l'esclavage*. N'est-ce donc pas chose consommée, et ce livre n'est-il point étrangement en arrière? Ce serait se tromper que de le croire : nul au contraire ne paraît mieux venir en son temps. L'esclavage, aboli en France comme en Angleterre, est loin d'être supprimé dans le reste du monde; et la question a-t-elle jamais eu plus d'urgence, quand on voit l'Union américaine se rompre pour ne l'avoir pas résolue? Mais, dans les pays même où l'esclavage est aboli, un point de morale reste à décider. Le droit naturel, la religion, la justice, réclamaient l'affranchissement des esclaves. L'intérêt public en a-t-il souffert? L'émancipation générale était un bien : a-t-elle entraîné tous les maux que prédisaient les patrons de l'esclavage? Le débat restait ouvert au lendemain de l'abolition. Aujourd'hui, treize ans sont révolus, treize ans passés sous les régimes les plus divers. On a donc le moyen de juger la chose par ses effets. C'est ce que M. Cochin a compris et ce qu'il a voulu faire par son livre. Il a ouvert une enquête « sur les résultats comparés de l'émancipation dans les pays qui l'ont prononcée, et de l'esclavage dans les pays qui l'ont maintenu » (t. I, p. xvi), et cette enquête prouvera aux esprits les moins bien disposés que la pratique ne dément point la théorie, et qu'ici, comme en bien d'autres choses, le parti le plus honnête est encore le plus utile et le plus sûr.

Le livre de M. Cochin est tout à la fois un résumé de l'histoire de l'esclavage dans les colonies, et l'analyse la plus complète des documents qui peuvent jeter de la lumière sur le grand acte de l'émancipation. L'ordre qu'il suit est simple, et le cadre où les matières sont rangées se prête à toutes les recherches. Après une introduction générale, où les questions sont posées et les réponses indiquées sommairement, l'auteur les reprend en particulier, afin de les débattre et de les résoudre plus à loisir, tant pour les pays où l'esclavage est aboli (France, Angleterre, Danemark et Suède) que pour le reste des colonies européennes où il subsiste encore : ce sont les deux parties de son livre. Dans chaque partie, et pour chacune des divisions régionales, après un tableau rapide des colonies qui s'y rapportent, il y fait l'histoire de l'esclavage, retraçant les actes divers qui l'ont établi ou réformé, maintenu ou aboli, et s'attachant en particulier aux suites de l'abolition chez les uns ou du maintien de ce régime chez les autres.

Il aurait dû, je crois, commencer par l'Angleterre. Puisque l'acte de la Convention qui proclama l'abolition de l'esclavage dans nos colonies (1794) n'a été appliqué que dans une seule, la Guadeloupe, pour y être sitôt supprimé par le Consulat (1802), c'est à l'Angleterre que revient la primauté dans cette question : car c'est le pays où l'esclavage a été le plus tôt et le plus sérieusement attaqué dans sa principale source, la traite, et dans toutes ses conditions d'existence; le pays qui, l'ayant aboli le premier, offre à l'étude des suites de l'émancipation les résultats les plus nombreux et les plus complets. Et la France n'a procédé à l'émancipation qu'en s'appuyant de l'expérience anglaise. M. Cochin, dans son chapitre sur l'Angleterre, a repris, en les résumant, ces résultats, et il y joint les faits nouveaux donnés par l'épreuve des années subséquentes. Les Anglais avaient établi une période d'apprentissage entre l'octroi et l'entrée en possession de la liberté; mais ils finirent par y couper court : en sorte que, si leur loi d'émancipation peut être invoquée par les défenseurs de l'affranchissement à long terme, leur résolution finale est un argument pour l'émancipation immédiate ; car c'est à cela qu'en fin de compte ils se sont ralliés, et c'est de cette manière que leurs esclaves ont été affranchis. M. Cochin en prend acte, et il montre l'influence heureuse de l'émancipation et sur la condition des affranchis et sur l'état des colonies, au milieu même des circonstances les plus capables de compromettre l'œuvre commencée :

« L'Angleterre, dit-il, tenta deux expériences hardies à la fois, la liberté des esclaves et la liberté du commerce. Ces deux libertés passèrent de l'opinion dans les Chambres, des livres dans les lois, des esprits dans les faits, presque au même moment. C'est de 1820 à 1831 que la liberté commerciale se personnifie dans M. Huskisson, et c'est en 1823 que M. Buxton fait la première motion pour l'abolition de l'esclavage. Lorsqu'après la mort de Georges IV et l'avénement de Guillaume IV (juin 1830), lord Grey arriva aux affaires avec les whigs, la réforme sociale fait de nouveaux pas en 1831 et en 1832; et c'est précisément en 1831 que M. Robinson, appelé au pouvoir par M. Canning avec M. Huskisson, et devenu lord Goderich, propose l'émancipation des esclaves appartenant à la couronne, et c'est en 1833 que lord Stanley apporte le bill d'émancipation à la Chambre des communes. » (T. I, p. 424).

L'abolition décrétée, l'Angleterre ne s'arrêta point dans la voie de la liberté commerciale; et les colonies, qui en usaient pour acheter à meilleur prix, pouvaient en souffrir, n'ayant plus, faute de protection, l'avantage de vendre plus cher. Avec cet abaissement des tarifs, le travail libre, dans les premiers temps, semblait devoir soutenir difficilement la concurrence du travail servile au Brésil et à Cuba ; néanmoins il dura et il triompha.

« En vingt-cinq ans, les colonies anglaises, après deux épreuves aussi graves que l'abolition du travail forcé et celle du tarif protecteur, sont revenues à peu près exactement au chiffre de leur production avant ces deux épreuves. La première a diminué la quantité produite, mais elle a élevé les prix; la seconde a augmenté la quantité produite, mais elle a diminué les prix. La seconde a été plus nuisible aux colonies que la première; mais, en ne les séparant pas, qui donc, de bonne foi, aurait pu prévoir que deux si radicales tentatives ne coûteraient pas plus cher? » (P. 447.)

En résumé, l'expérience anglaise a réussi. On l'avait pu constater dès 1848 :

« Quatre ans, dix ans, vingt ans après l'abolition de l'esclavage, on a le droit de répéter : La liberté n'a pas mené huit cent mille hommes à la barbarie. Leur amélioration morale, religieuse et intellectuelle, est incontestable : la terre porte plusieurs milliers de propriétaires de plus, l'humanité compte plusieurs centaines de milliers d'hommes élevés d'un degré dans l'échelle des êtres. Une grande action a été accomplie par un grand peuple. » (P. 397.)

On avait dit que l'expérience anglaise aboutirait à un échec, et, comme on ne concevait pas qu'une nation aussi avisée que l'Angleterre se ruinât de gaieté de cœur, on prétendait qu'en sacrifiant ses colonies d'Amérique, elle comptait bien entraîner les colonies des autres peuples dans la même ruine, et demeurer maîtresse du marché européen grâce à ses établissements sans rivaux dans les Indes. Channing a noblement vengé l'Angleterre de cette accusation d'égoïsme[1]. M. Cochin cite le grand publiciste américain, et il ajoute

---

[1] « D'autres nations, s'écrie-t-il, se sont acquis une gloire immortelle par la dé-

avec raison : « Redisons-le à la gloire éternelle de l'Angleterre, l'abolition de l'esclavage n'a pas été un calcul, mais elle n'a pas davantage
été un échec. » Les colonies anglaises ont souffert d'abord : quelle transition d'un régime à l'autre, même quand elle tend à l'amélioration,
n'amène pas de souffrance? Mais laquelle a le plus souffert entre toutes?
M. Cochin constate que c'est celle qui a le plus résisté, la Jamaïque;
et que celle qui a le plus promptement pris son parti a, presque sans
intervalle de ralentissement dans la production, doublé, triplé même
aujourd'hui sa richesse. Qu'est-ce donc si, en ne se bornant point à
supputer la fortune des anciens maîtres, on fait entrer en ligne de
compte l'état de leurs anciens esclaves? Près d'un million d'hommes,
de femmes et d'enfants élevés de la condition de la brute au rang de
créatures raisonnables ; le mariage succédant à la promiscuité; les
églises, les écoles, se multipliant; les terres vagues mises en culture,
bien loin que le vagabondage ait augmenté aux dépens du travail :
« En deux mots, dit M. Cochin, la richesse a peu souffert, la civilisation a beaucoup gagné : voilà le bilan de l'expérience anglaise. »
(T. I, p. 453).

De l'Angleterre, passons à la France, dont M. Cochin a préféré
s'occuper d'abord comme étant le principal objet de son étude. La
France, on le sait, a présenté ce singulier contraste, que nulle part
le débat ne fut plus prolongé et la conclusion finale plus subite. C'est
qu'entre le débat et la conclusion finale, une chose était interve-
nue, sur laquelle nul ne comptait, la Révolution. M. Cochin exprime
le regret que l'abolition de l'esclavage n'ait point été accomplie par
ceux qui l'avaient préparée; et en cela il plaint plus le gouvernement de 1830 qu'il ne l'accuse : « Pour avoir trop tardé, dit-il, le
gouvernement de Juillet fut cruellement puni, puisqu'il eut la peine

fense héroïque de leurs droits ; mais on n'avait pas d'exemple d'une nation qui, sans
intérêt et au milieu des plus grands obstacles, épouse les droits d'autrui, les droits
de ceux qui n'ont d'autre titre que d'être aussi des hommes, les droits de ceux qui
sont les plus déchus de la race humaine. La Grande-Bretagne, sous le poids d'une dette
sans pareille, avec des impôts écrasants, a contracté une nouvelle dette de 100 millions de dollars pour donner la liberté non à des Anglais, mais à des Africains dégra-
dés. Ce ne fut pas un acte de politique; ce ne fut pas l'œuvre des hommes d'État. Le
Parlement n'a fait qu'enregistrer l'édit du peuple. La nation anglaise, avec un seul
cœur, une seule voix, sous une forte impulsion chrétienne et sans distinction de
rang, de sexe, de parti ou de communion, a décrété la liberté de l'esclave. Je ne
sache pas que l'histoire rapporte un acte plus désintéressé, plus sublime. Dans la
suite des âges, les triomphes maritimes de l'Angleterre occuperont une place de plus
en plus étroite dans les annales de l'humanité. Ce triomphe moral remplira une
page plus large et plus brillante... » (*Lettre à M. Clay*, 1ᵉʳ août 1837, p. 302 de la
traduction de M. Laboulaye.)

de préparer l'émancipation, et qu'il n'eut pas l'honneur de la proclamer : tant il est rare, ici-bas, que les progrès découlent pacifiquement de la raison !» Nous partageons ces regrets ; mais, le gouvernement de Juillet n'ayant pas achevé son œuvre, était-il possible de la reprendre dans les termes où l'avait laissée la commission de 1840, d'accepter, pour l'affranchissement, les délais préparatoires qu'elle avait jugés nécessaires et qui ne couraient pas même encore ? Nul ne l'osera dire. Une chose incontestable, c'est que, par le fait de la Révolution de Février, la question de l'abolition de l'esclavage était tranchée dans tous les esprits. Dès lors, tout attermoiement devenait impossible; et ceux même qui, la veille, se seraient ralliés volontiers aux conclusions de M. de Broglie, devaient, pour rester fidèles à l'esprit de son rapport et au résultat de l'expérience anglaise, se prononcer pour l'abolition immédiate. Ce fut une des premières résolutions du Gouvernement provisoire, et il a eu l'honneur insigne d'accomplir ce qu'il avait résolu : honneur auquel il est bien juste d'associer le président de la commission, M. Victor Schœlcher, qui, lui aussi, avait, par ses voyages, par ses écrits, travaillé à ce grand acte, sans autre ambition que de le voir accompli au plus vite, et qui, porté au pouvoir par l'avénement inopiné de son parti, n'y chercha qu'une seule chose, le triomphe de la grande cause à laquelle il s'était consacré tout entier, oubliant, parmi les travaux qu'il dirigeait et hâtait de toute son ardeur, jusqu'au soin de ses intérêts politiques.

M. Cochin se prononce aussi pour l'abolition immédiate; et une chose prouve que l'émancipation ne pouvait plus s'accomplir autrement, c'est que dans la moitié de nos colonies, on n'attendit même pas l'arrivée du décret et des commissaires du Gouvernement provisoire. L'abolition de l'esclavage fut proclamée à la Martinique le 23 mai : le commissaire général, M. Perrinon, n'y débarqua que le 3 juin. A la Guadeloupe, elle fut proclamée de même le 27 mai, sur le vœu du conseil municipal de la Pointe-à-Pitre, par l'ancien gouverneur, M. le capitaine de vaisseau Layrle. On connaissait, il est vrai, la première déclaration du Gouvernement provisoire, et on ne faisait que prévenir un acte qui était en voie de préparation. Mais les colonies danoises, que les actes du Gouvernement provisoire ne liaient pas, n'en subirent pas moins le contre-coup de la Révolution de Février. Dans ces colonies, où l'émancipation avait été décrétée le 27 juillet 1847, sur les bases de la loi anglaise, le gouverneur Van Shotten proclama la liberté immédiate le 3 juillet 1848, interrompant brusquement, dès la première année, une période d'apprentissage qui devait durer douze ans.

Quoi que l'on pense théoriquement des deux systèmes, l'abolition immédiate était donc la seule possible alors; et, si des troubles éclatèrent, elle n'en fut point la cause : ils eussent été beaucoup plus graves si l'esclavage n'eût point été aboli sans plus tarder. Témoin encore les îles danoises. La révolte qui les ensanglanta eut son principe non dans l'effort des noirs pour obtenir la liberté, mais, la liberté étant donnée, dans l'effort des blancs pour y faire résistance.

Mais l'abolition ne supprima point toute agitation parmi les nouveaux affranchis; et le travail subit une notable interruption. A qui faut-il s'en prendre? M. Cochin en disculpe l'émancipation, il en accuse la politique.

L'émancipation s'était accomplie dans des circonstances vraiment étranges. La République, en mettant les esclaves en liberté, ne les avait pas distingués de ceux qui déjà étaient libres. En les faisant libres, elle les faisait donc citoyens; et elle les faisait citoyens à une époque où elle venait de décider que tout citoyen serait électeur. Au sortir de l'esclavage, les nègres se trouvèrent donc de plein droit souverains, appelés à contribuer pour leur part à donner une nouvelle constitution à la France! Assurément, ils étaient mal préparés à un tel acte; et ce droit, si haut qu'il pût être, n'était pas ce qu'ils convoitaient le plus. Le décret qui les faisait électeurs fût-il bon, toute autre chose eût bien mieux fait leur affaire. Pour dire le vrai, plus d'un doute s'éleva sur leur capacité au sein de la commission; mais n'y en eut-il aucun dans le conseil où fut conféré le droit de suffrage, sans distinction, à tous les Français? C'est un autre doute que j'émets; et, quoi qu'il en soit, il faut bien en convenir, le suffrage universel étant donné, et les colonies appelées, sur la demande des colons euxmêmes, à nommer des représentants comme le reste de la France, il était difficile d'agir autrement. Ce n'est pas au lendemain de la Révolution qu'on pouvait établir des catégories parmi les hommes libres : la République était liée par sa devise : *liberté, égalité.* L'égalité dans la liberté était d'ailleurs sans péril; si les affranchis en abusaient, ils s'exposaient à n'en point user longtemps, et rien de fâcheux n'en pouvait résulter ni pour la France, ni pour les colonies ellesmêmes : l'Assemblée était assez nombreuse pour ne pas être à leur merci. Mettre hors du droit commun ceux qu'on venait de mettre en liberté, ce n'était pas sans doute leur refuser une chose d'où cette liberté dépendît et à quoi ils dussent tenir beaucoup ; mais c'était peut-être offrir une arme plus redoutable que le suffrage même aux instigateurs de désordre. Qu'on se rappelle la première Assemblée constituante et Saint-Domingue : Saint-Domingue fut ensanglantée et perdue pour la France, non point à cause de l'émancipation, mais à cause du droit de suffrage refusé aux noirs par les blancs.

Les noirs eurent donc le droit d'élire comme les blancs, et, après
tout, en ont-ils plus mal usé? Élu successivement par le suffrage
des uns et des autres, je n'ai pas le droit de l'attaquer, ni peut-être
de le défendre; mais M. Cochin constate que dans ces élections « les
agitations et les irrégularités furent loin d'égaler celles qui avaient
troublé tant de villes de France quelques mois auparavant. » Et quel
en fut après tout le résultat? Est-ce le triomphe complet des listes
patronnées soit par l'administration, soit par l'un des partis? Non :
on vit ces nouveaux électeurs unir dans le même scrutin M. Schœlcher et son adversaire le plus déclaré, M. Bissette; leur enseignant
la réconciliation par cet accord de leurs suffrages, et prouvant tout
à la fois qu'ils avaient su se soustraire à des influences trop exclu-
sives, faire à chacun sa part, et ne sacrifier l'un à l'autre, ni celui
qui avait tant souffert de l'esclavage, ni celui qui avait tant fait pour
leur liberté.

Ne nous arrêtons point aux apparences. Il y a eu de l'agitation aux
colonies après l'émancipation, il y a eu suspension du travail ; mais,
si l'on en veut une autre cause que l'émancipation elle-même, ce n'est
pas le suffrage universel qu'il en faut accuser, c'est la Révolution.
Comment d'ailleurs s'en étonner? La Révolution avait agité la France,
elle y avait interrompu le travail : peut-on concevoir qu'elle eût laissé
paisiblement à leur ouvrage des hommes qui se trouvaient jetés tout à
coup de l'esclavage dans la liberté? Il y eut des troubles aux colonies
comme il y en eut chez nous; furent-ils plus graves? Les incendies qui
ont éclaté sur quelques points de la Martinique et de la Guadeloupe
ont-ils rien qui égale les incendies de Neuilly, de Suresne, et la destruction sauvage des ponts et des gares de chemins de fer, en pro-
vince comme aux portes de Paris? La suspension du travail y a-t-elle
produit rien qui ressemble aux désordres des ateliers nationaux et
aux sanglantes journées de juin? L'agitation électorale elle-même,
M. Cochin en est convenu, ne fut pas là plus grave qu'en France,
ni en résultat plus mauvaise. Dans les secondes élections, aux amis
de l'émancipation, on vit adjoints ses adversaires : notamment un
ancien propriétaire d'esclaves. Qui pourrait dire même si cette agitation électorale n'a pas prévenu des troubles de pire espèce, et si, en
retenant les nouveaux affranchis autour des urnes du scrutin, elle
ne les a point empêchés de se disperser plus généralement ou plus
tôt? Or c'était là le vrai péril de l'émancipation ; c'était là ce qui
menaçait le plus de désorganiser les ateliers et de ruiner les colonies.

Disons-le donc, la Révolution au milieu de laquelle s'accomplit
l'émancipation fut une cause d'agitation et de trouble. Mais quelle
plus grande révolution que celle qui fait passer les hommes de l'es-

clavage à la liberté? Elle seule suffisait pour amener les conséquences
que toute révolution traîne après soi. Rien n'arriva aux colonies que
ce qu'il était facile de prévoir, rien ne dépassa ce qu'il était permis
de craindre, rien ne se produisit que l'on n'ait eu résolûment la pensée d'affronter et la certitude de vaincre en appelant les esclaves à la
liberté. Si ces hommes, dégagés des liens qui les attachaient à l'habitation des maîtres, ont tardé quelque peu à y reprendre domicile
ou à se fixer ailleurs, ils ont fini pourtant par se rasseoir, et le vagabondage, cet antique refuge des races asservies, ne s'est point accru
par la liberté. L'ordre n'est pas moins assuré pour n'être plus établi
sous la sanction du fouet des commandeurs, et la force publique, qui
répond de tout, a pu être réduite loin de s'accroître. A la Martinique,
en 1840, il y avait trois mille vingt-six hommes de troupes diverses;
en 1861, il n'y en a plus que treize cent quatre-vingt-quatre; même
nombre, en 1861, pour la Guadeloupe, qui, en 1840, en avait deux
mille neuf cent douze; la Guyane, en 1840, comptait neuf cent
quatre-vingt-cinq hommes; en 1860, ayant reçu les bagnes, c'est-à-
dire quatre mille condamnés, elle n'a vu porter sa garnison qu'au
chiffre de treize cent trente-deux; la Réunion, enfin, avait dix-
sept cent dix-neuf hommes de garnison en 1840, elle en a six
cent quatre-vingt-onze aujourd'hui. Les tribunaux ont été augmen-
tés, car la liberté agrandissait le ressort de la justice; et il n'y a point
lieu de s'étonner qu'ils aient eu plus d'affaires à juger, plus de fautes
à punir, puisque, grâces à Dieu, les délits n'ont plus d'autre juge.
« Mais, dit M. Cochin, en résumant les tableaux qu'il a donnés, le
nombre même que révèle la statistique va décroissant ou reste à peu
près stationnaire; il est proportionnellement inférieur à celui des
délits et crimes en France; et la société coloniale, au lendemain
d'une transformation inouïe, qui a mis en liberté les penchants, les
vengeances, les cupidités, dort plus tranquille que les populations
civilisées de la métropole. Les crimes encore commis sont des fautes
individuelles; l'esclavage était un crime social : celui-là, du moins,
n'existe plus. » (T. I, p. 143.)

L'ordre public s'est donc raffermi : l'ordre économique est-il resté
en souffrance?

Si, par le fait de l'émancipation, le travail a été compromis, sus-
pendu, ce n'est pas la faute de la liberté, mais de l'esclavage. L'esclavage flétrit le travail; il en fait un signe de servitude. Il était donc
naturel que la première pensée des esclaves devenus libres fût de s'en
affranchir : ils ne se fussent point réputés libres, s'ils ne s'étaient
pas sentis maîtres de ne point travailler. Le premier usage qu'ils
dussent faire de la liberté, c'était donc de prendre tout au contre-pied
de l'esclavage, de ne travailler qu'en proportion de leurs besoins et

selon leur convenance : or quels si grands besoins avaient-ils, avec
les habitudes qui leur étaient faites et sous un climat où il est si facile
de les satisfaire? et quelle répugnance ne devaient-ils point avoir pour
la grande culture, si intimement unie au régime du fouet?

Voilà ce qu'on savait bien à l'avance, et ce que l'expérience des
autres avait confirmé. Il s'agissait de savoir si l'on sortirait de la crise,
et si, après une interruption nécessaire, le travail, affranchi et régé-
néré, reprendrait son cours pour le plus grand bien des anciens esclaves et des anciens maîtres. Tous les amis de la liberté avaient affirmé
qu'il en serait ainsi. Le livre de M. Cochin a pour résultat de mon-
trer qu'ils ne se sont pas trompés. Les circonstances étaient, il faut
en convenir, particulièrement difficiles'dans nos colonies. Pour que le
travail pût se soutenir, il n'était pas sans importance que le colon, à
qui on retirait le prétendu droit d'user des bras de l'homme comme
d'un instrument à lui, eût le moyen de les louer; que l'indemnité fût
jointe à la dépossession, et qu'elle fût calculée, je ne veux pas dire
sur la valeur de l'homme en tant qu'esclave, mais au moins sur le
dommage qui résultait de l'affranchissement. Or l'émancipation s'é-
tait faite dans une crise où il n'avait pas été possible de joindre les
deux choses : car le Gouvernement provisoire ne pouvait pas ajourner
l'émancipation, et ce n'était pas à la veille de la réunion de l'Assemblée constituante qu'il pouvait trancher la question d'indemnité; il
suffisait que, par l'acte d'abolition, il en eût fait une question d'urgence. De plus, l'indemnité, vu le moment où le débat était ouvert,
ne put atteindre le chiffre proposé par l'ancienne commission de l'esclavage : et pourtant, si la considération des maîtres aidait peu à le
soutenir (à qui, en bonne justice, l'indemnité était-elle due, au maî-
tre ou à l'esclave?), l'intérêt du travail voulait qu'on ne le réduisit
pas; car comment y suppléer par le crédit, quand le crédit n'existait
pour ainsi dire plus depuis longtemps aux colonies, et qu'en France il
était ruiné? Ce fut donc une rude épreuve pour l'établissement du régime nouveau; d'autant plus rude, que la somme votée devait, pour
une plus forte part, au lieu d'aider au développement du travail libre,
solder l'arriéré du régime de l'esclavage. Et cependant quels sont les
résultats constatés? Une forte réduction dans la production et dans les
échanges d'abord, mais ensuite une augmentation toujours en progrès
et qui dépasse notablement aujourd'hui les résultats du régime de
l'esclavage. C'est ce que M. Cochin a établi dans ses chapitres *sur la
production et le commerce, le salaire et la propriété; sur la question
des sucres.* Le mouvement du commerce, pour nos quatre colonies,
a été, de 1843 à 1847, de 115 millions; de 1853 à 1857, de
171 millions : augmentation de 56 millions. Pour le sucre en particulier, la moyenne quinquennale de 1843 à 1847, avait été de

80 millions de kilogrammes; de 1848 à 1853, elle fut de 58 millions. En 1854, la production s'élevait déjà au-dessus de la moyenne des cinq dernières années de l'esclavage; en 1859, elle dépassait 112 millions. Ajoutez à cela le crédit rendu plus facile, le salaire à peine supérieur à ce que coûtait l'esclave, le prix de vente plus rémunérateur, même avant le dégrèvement de 1860.

Nous ne pouvons analyser ici ce qui déjà n'est qu'une analyse des nombreux documents publiés par la statistique; nous renvoyons au livre de M. Cochin, et on ne regrettera point d'y avoir recouru. Les chiffres, ici, ont leur éloquence, ils jettent la plus vive lumière sur la question; et, s'ils présentent des anomalies, l'auteur, par une discussion intelligente, les ramène à la loi générale.

Tout le travail ne vient pas des esclaves affranchis : il en faut faire une part aux émigrants; l'introduction de travailleurs étrangers est même regardée comme une condition nécessaire, non-seulement au progrès, mais au maintien de la production dans nos colonies. C'est un fait que M. Cochin ne conteste pas, mais il en cherche la cause. L'émigration est une conséquence non de l'émancipation, mais de l'esclavage. De tout temps, les colonies ont réclamé un supplément de bras; et, malgré la disproportion primitive du nombre de la population à l'étendue du territoire, ce qu'elles en ont reçu y aurait amplement suffi sans l'action destructive de l'esclavage et le mauvais système de culture né du travail servile. Ce besoin de travailleurs nouveaux, qui existait avant l'abolition, s'est fait sentir plus vivement depuis, et il n'y a pas lieu encore de s'en étonner : le premier mouvement de l'affranchi, nous l'avons dit, devait être de quitter le lieu de son esclavage et de chercher, sur un sol qui fût à lui, par un travail qui lui fût propre, ce que la grande culture ne lui offrait qu'en lui rappelant son ancien état. Ce qui pourrait surprendre, c'est qu'un si grand nombre ait résisté à ce premier mouvement ou en soit revenu. Or l'immigration n'a pu ajouter d'une manière notable au travail des colonies que depuis 1857; et, dans la période quinquennale de 1852 à 1857, le mouvement général des affaires était déjà supérieur, pour toutes les colonies, à ce qu'il était dans les cinq dernières années de l'esclavage, de 1843 à 1847. « Il est donc, dit justement M. Cochin, impossible de sortir de ce dilemme : puisque les produits du travail ont augmenté, ou bien la plupart des esclaves ont travaillé, et, dans ce cas, il est injuste d'accuser l'émancipation d'avoir tué le travail; ou bien le nombre de travailleurs a diminué, et, dans ce cas, moins de bras ayant suffi à plus de produits, c'est la meilleure preuve de la supériorité du travail libre sur le travail esclave. » (T. I, p. 235).

Cela n'a pas empêché de recourir à l'immigration, et on y peut trouver certains avantages; mais elle offre de grands périls aussi,

que M. Cochin signale : 1° En ce qui touche ses sources. mêmes.
Qu'importe que les émigrants soient libres, s'ils sont achetés, et
si, par l'appât du gain promis à ce trafic, ils sont enlevés de force
à leurs familles, à leur pays? C'est renouveler pour eux, jusqu'à
l'embarquement, tous les maux de la traite. Aussi vient-on, dans un
traité conclu avec l'Angleterre, de supprimer ce mode de recrutement
sur les côtes de l'Afrique, pour le borner soit aux Chinois, soit aux
coolies indiens. 2° En ce qui touche la nature même des travailleurs
nouveaux et leurs conditions d'existence. Ces races asiatiques sont
moins disposées à se fixer dans le pays au delà du terme de leur en-
gagement, et à s'y mêler aux populations qu'elles y trouvent; leur religion même y fait obstacle : car autant l'Africain est prompt à em-
brasser notre foi et nos coutumes, autant l'Asiatique s'en tient éloigné.
Point d'avenir donc pour les colonies dans ce mode de recrutement;
c'est un flux et un reflux perpétuel où se doit perdre le meilleur du
profit que l'on en tire. Ajoutez que la disparité énorme du nombre des
hommes et des femmes amenés par l'immigration est un obstacle à
la constitution des familles et une cause permanente d'immoralité.

L'avenir de nos colonies est donc toujours dans la race africaine,
dans celle de nos affranchis : ce sont eux qui restent la pierre angu-
laire de nos ateliers et le principal fondement du travail libre ; et l'on
ne peut pas dire qu'ils y aient absolument fait défaut. On doit espérer
qu'ils y reviendront de plus en plus, pourvu que l'immigration leur
soit un stimulant et une aide, et non pas un obstacle. Mais ce n'est
pas l'œuvre d'un jour, et l'on n'a pas le droit de s'en prendre à la
liberté. Il ne faut qu'un jour pour supprimer l'esclavage, il en faut
plus pour en supprimer les conséquences. L'esclavage, cette préten-
due école de civilisation, détruisait dans les noirs tous les principes
d'une société véritable. On tâchait bien de les multiplier par la gé-
nération; mais on supprimait parmi eux la base de la famille, en
les abandonnant à la promiscuité, en les détournant du mariage par
des abus qui en rompaient les liens les plus sacrés et en méprisaient
tous les droits, par ces ventes qui séparaient la femme du mari, qui
arrachaient l'enfant à sa mère. On leur imposait le travail ; mais on
leur en inspirait l'horreur, en faisant de ce devoir commun à tous
les hommes l'apanage de la servitude. Comment donc s'étonner qu'il
faille du temps pour changer leurs idées sur ce point et les rame-
ner à d'autres maximes? De tout ce qu'ils ont appris, tout est à dés-
apprendre: voilà le résultat le plus net de cet apprentissage tant
vanté ! C'est donc toute une société nouvelle à former. Avant de demander compte à la liberté de son œuvre, il faut attendre les générations qui n'auront pas connu l'esclavage. Il faut attendre au
moins que l'impression du travail servile soit effacée ; que l'homme

ait repris le sentiment de la responsabilité personnelle, et que, par l'exercice des droits de la famille, il en rapprenne les devoirs. La liberté seule pouvait introduire les affranchis dans cette voie qui seule mène à la civilisation; et, la religion aidant, on peut espérer qu'ils s'y affermiront, qu'ils en goûteront les avantages, et qu'éprouvant par là des besoins nouveaux, ils se réconcilieront avec le travail comme avec le moyen le plus honorable d'y satisfaire. La famille rétablie, l'instruction donnée aux enfants, la religion enseignée à tous, voilà ce qui substituera à une situation toujours précaire, même dans la plus grande prospérité du régime antérieur, un état plein d'avenir pour nos colonies; et tout cela est en progrès parmi nos affranchis. La loi de la population a repris sa marche régulière avec le régime de liberté; l'esclavage dépeuplait : le nombre des décès le cède maintenant au nombre des naissances. Le nombre des mariages s'est considérablement accru : en dix ans, de 1838 à 1847, il y en avait eu mille sept cent cinquante-quatre entre esclaves; en neuf ans, de 1848 à 1856, il y en a eu trente-huit mille quatre cent soixante-huit entre affranchis. Le nombre des établissements religieux et des écoles s'est augmenté ; des associations se sont formées où les blancs et les noirs se confondent, et les progrès sont d'autant plus étonnants que les moyens d'action des évêques, quoi qu'on ait fait, laissent encore beaucoup à désirer.

L'abolition de l'esclavage dans nos colonies n'a donc justifié aucune des craintes que l'on avait voulu répandre. Tout s'est passé contrairement à ce qu'on avait projeté pour l'amener à bonne fin, et, malgré cela, elle a dépassé toutes les espérances. Mais nous ne saurions mieux faire que d'emprunter plusieurs passages à la conclusion de ce chapitre :

« Les prophéties sinistres, dit M. Cochin, troublaient ceux mêmes qu'elles n'arrêtaient pas, et les partisans les plus résolus de l'émancipation, dans le gouvernement, dans les Chambres, prenaient des précautions infinies, marchaient lentement et comme un homme qui porte une lumière près d'un baril de poudre.

« Les événements se jouèrent de ces résistances et de ces lenteurs. On voulait un délai préparatoire : il n'y eut pas de délai.

« On voulait, par l'application préalable de la loi sur l'émancipation, une liquidation régulière de l'énorme dette coloniale : elle fut soudaine et violente.

« On voulait que l'indemnité fut préalable : elle ne fut payée qu'après l'émancipation; qu'elle fût au moins prompte : on l'attendit deux ans; qu'elle fût large, on avait repoussé 1,200 francs : on toucha 500 francs à peine; qu'elle servît de subvention au travail salarié : elle fut absorbée par les dettes.

« On voulait fonder des hospices, des écoles, des prisons ; les crédits étaient votés : on n'eut pas le temps de les augmenter, à peine celui de les appliquer.

« On voulait une large effusion de christianisme et d'instruction, sorte de retraite préparatoire à la dignité d'homme libre, et on demandait un clergé mieux gouverné, plus nombreux et plus pur : les évêchés coloniaux ne furent établis que trois ans après.

« On voulait fortifier les garnisons et les tribunaux, ne proclamer la liberté qu'en pleine paix armée : elle fut proclamée en pleine révolution déchaînée.

« On voulait, par l'introduction d'ouvriers libres, conjurer d'avance la désertion des ateliers, et donner l'exemple du travail sans contrainte : les crédits restèrent sans emploi ; on eut à organiser le travail aux colonies pendant qu'on essayait le socialisme en France.

« On voulait, par un large dégrèvement sur les impôts, encourager la production et dédommager les producteurs : le dégrèvement ne fut obtenu qu'après quatre ans, et ne devint complet qu'après douze ans.

« On voulait initier lentement l'affranchi à la vie civile : l'esclave, à peine fait homme, fut fait électeur, et on le gratifia, sans transition, de la liberté illimitée de la presse et du suffrage universel.

« En un mot, l'abolition de l'esclavage fut contemporaine de l'abolition de l'ordre et de l'abolition du commerce.

« Dans de telles circonstances, si la société coloniale eût été bouleversée, ensanglantée, couverte de ruines, qui donc eût été surpris ?

« Or à la Martinique, en 1848, à la Guadeloupe en 1849, le sang a coulé, le feu a été mis. Mais la Révolution est responsable de ces désordres rapides et non pas l'émancipation. Que serait-il arrivé sans elle ? Voilà ce qu'il est juste de se demander. Elle fut invoquée d'une commune voix, comme le seul moyen de calmer la Révolution et de transformer la vengeance en gratitude, la colère en douceur. Où sont, depuis les premiers moments, les victimes que la liberté a faites ? Où sont les représailles qu'elle a déchaînées ? Où sont les prisons qu'elle a obligé de construire ? Où sont les régiments dont elle a rendu la présence nécessaire ? A la Martinique, à la Guadeloupe, la révolution sociale a fait moins de mal que dans trente départements de la France. A la Guyane, aucun trouble, malgré la facilité de fuir et de se cacher ; à Bourbon, pas un incendie, pas une vengeance, pas une faillite. Partout des élections bruyantes, mais partout conservatrices... »

M. Cochin, ici, va plus loin que nous n'avons été en le reprenant. Il continue :

« Sans doute la production a été réduite, mais jamais elle n'a tari ; le travail a été diminué, mais jamais il n'a cessé tout à fait ; la propriété a souffert, ce dernier coup a consommé la ruine de propriétaires endettés, cela est incontestable ; mais ces souffrances étaient ressenties en France et dans le reste du monde en même temps qu'aux colonies. Elles ont duré plus longtemps ; cependant, cinq ans s'étaient à peine écoulés, et le mouvement

total des affaires avait dépassé, dans les quatre colonies, les chiffres anté-
rieurs à 1848 ; après dix ans, le chiffre de l'exportation seule était triplé à
a Réunion, dépassé d'un tiers à la Martinique, atteint à la Guadeloupe. »
(P. 333.)

L'auteur, sans nier la diminution du travail dans les habitations,
rappelle à qui l'on s'en doit prendre.

« Prenez-vous-en surtout à l'esclavage. D'où donc vient l'horreur des anciens esclaves pour leur ancien travail? La liberté en est l'occasion, mais la
servitude en est la cause. Un homme visitait une habitation abandonnée ;
des affranchis dormaient oisifs non loin de là. « Voilà, lui dit-on, ce que la
« liberté a fait du travail. — Voilà, répondit-il, ce que la servitude a fait des
« travailleurs. » (P. 334.)

Il rappelle que le travail a diminué d'ailleurs beaucoup moins qu'on
ne l'a dit, qu'il a été plutôt déplacé que diminué : « Le paysan est
devenu artisan ou plutôt propriétaire ; il n'est pas toujours devenu
vagabond. » En outre, la production s'étant accrue, si le travail a
diminué, rien n'est plus capable de constater la supériorité du travail libre sur le travail servile ; et cela est vrai des blancs comme des
noirs : ce n'est pas seulement l'activité du travailleur qui est en progrès ; les procédés de la fabrication et de la culture se sont perfec-
tionnés sous l'aiguillon de la liberté.

Mais l'émancipation n'est pas seulement une question de culture
et de commerce, de café et de sucre, c'est une question morale. Or,
à ce point de vue, dit M. Cochin, le succès de l'émancipation est
complet.

« Le nombre des mariages, des reconnaissances, des légitimations, a été
énorme. Le concubinage est loin d'avoir disparu ; mais, après tout, le mouvement a duré ; l'homme libre a repris son rang dans l'estime de la femme,
que tout, autrefois, le désir de la liberté, le besoin de protection, le goût de
la toilette et du bien-être, les satisfactions de la vanité autant que l'ascen-
dant de la dépendance, poussait au concubinage. Les enfants ne sont plus
abandonnés. La famille est constituée. Le goût de la propriété consolide la
famille ; la petite propriété s'étend ; le noir paye l'impôt, comprend les
institutions françaises et s'y plie aisément, entre, à la Réunion, dans les so-
ciétés de secours mutuels, et placerait à la caisse d'épargne, si elle était
établie.

« Les écoles sont pleines, bien que l'instruction ne soit pas obligatoire ni
gratuite. La religion est respectée, goûtée, pratiquée, et, sous la haute di-
rection des évêques, elle a reconquis sa dignité en étendant sa bienfaisante
influence. » (P. 338.)

M. Cochin ne prétend pas que tout soit pour le mieux ; mais il voit dans les faits accomplis le principe de toute amélioration, et, si on lui demande quel est le meilleur mode d'émancipation, il n'hésite point, et son jugement a de l'autorité après cette minutieuse enquête :

« L'exemple des colonies françaises nous répond : C'est l'émancipation immédiate et simultanée. A attendre, on n'obtient rien ; à oser, on ne risque rien. Deux siècles, on a attendu que l'heure sonnât, et jamais l'heure n'a sonné. Deux fois la liberté a été lancée sur les colonies avec la Révolution, deux fois la Révolution a fait beaucoup de mal ; la liberté, très-peu. »

Il termine ce qu'il dit de la France par ces remarquables paroles :

« L'esclavage était si peu fondé sur la nature, que, créé par la force brutale, il ne se maintenait que par la force légale, c'est-à-dire, par la contrainte d'une infinie quantité de lois et de règlements. Pour préparer la transition vers la liberté, une quantité non moindre a été rédigée ; pour diriger la liberté naissante, on avait promulgué dix-huit décrets. Or toutes les lois contre les dangers de la servitude ont été impuissantes, toutes les mesures contre les périls de la liberté ont été inutiles. Sans doute, les anciens rois, qui étaient chrétiens, humains, sincères, se sont dit, en permettant l'esclavage : « Prenons les plus grandes précautions pour que le bien ne fasse « pas de mal. » Double erreur ! le mal engendre le mal, le bien ne fait que du bien.

Mais on ne passe pas du mal au bien sans expiation, et on n'expie pas sans souffrances. L'histoire de l'abolition de l'esclavage dans les colonies françaises est une preuve presque scientifique de ces grandes lois de la morale. » (P. 347.)

II

La cause de l'émancipation est donc cause gagnée, si l'on en juge par les pays où l'esclavage est aboli. Peut-on lui opposer victorieusement ceux où il subsiste encore? C'est la question que M. Cochin aborde dans sa seconde partie, et elle n'est pas moins importante; car elle a un intérêt tout actuel. Il ne s'agit pas seulement d'une théorie à juger, mais d'une application à faire, d'où dépend le sort des États.

L'auteur suit, dans cette seconde partie, le même ordre que dans

la première. Il passe en revue les différents pays qui maintiennent
l'esclavage : les États-Unis, l'Espagne, le Portugal, le Brésil, la Hollande. On doit s'étonner de trouver encore sur cette liste le Portugal,
client de l'Angleterre, et la Hollande surtout, où l'abolition de l'esclavage, après avoir été réclamée par les hommes d'État, l'a été par les
colonies elles-mêmes, où elle a fait l'objet de nombreux projets de loi,
où elle ne tient plus, on le peut dire, qu'à un fil. Quelle était donc
la pensée des colons de Surinam, quand, après l'émancipation de nos
esclaves, ils allaient au-devant des projets du gouvernement, et que la
question d'indemnité semblait être la seule à débattre ? Était-ce la
peur de ne pouvoir retenir leurs esclaves entre les esclaves émanci-
pés de la France et ceux de l'Angleterre ? Mais, les esclaves ayant eu la
patience d'attendre, on attendit aussi. Ils attendent encore ! Espérons
qu'ils n'auront point à s'en repentir. Le Portugal, la Hollande, ont
déjà aboli l'esclavage dans la plupart et dans les plus importantes de
leurs colonies : il est temps qu'ils se mettent d'accord avec eux-
mêmes, en répudiant absolument en fait ce qu'ils ont condamné en
principe.

Au Brésil, en Espagne et dans les États-Unis, la question reste entière, et c'est là qu'il est le plus intéressant de l'étudier, le plus urgent de la résoudre. A ne juger les deux régimes que par leurs produits, on pourrait croire qu'elle est tranchée et que nul ne peut con-
tester ici la supériorité du régime de l'esclavage. Tandis que les colonies où la liberté était rendue aux noirs voyaient chez elles le travail
se réduire et la production tomber brusquement, les autres ont vu
s'accroître leur prospérité : au nom de l'intérêt, il semble qu'elles doivent plus que jamais maintenir la servitude. Le fait est certain, mais
les conséquences que l'on en tire sont illusoires et pourraient être
funestes. Nul n'a jamais prétendu que le passage de l'esclavage à la
liberté ne fût une crise et ne se dût faire sans de véritables souffrances ; et c'est en raison même de cette crise des colonies où l'esclavage était supprimé que les autres ont dû prospérer davantage :
tout ce malaise des nôtres tournait nécessairement à leur profit. Mais
en sera-t-il de même quand le travail sera pleinement rétabli sur ses
bases nouvelles, et pourront-elles se tenir plus longtemps sans péril
en dehors du droit commun de l'humanité ? Non, car l'esclavage se
trouve désormais, là comme ailleurs, atteint dans sa principale source.
La traite, depuis si longtemps déjà proscrite, est aujourd'hui plus
sérieusement réprimée. Or l'esclavage ne peut pas se soutenir sans
elle ; car, là comme partout, il dévore les races qu'on lui livre. A
moins de rétablir la traite (et nul ne le souffrira aujourd'hui), les pays
où le travail reste servile sont condamnés à le voir se réduire, et
à suivre à leur tour un mouvement de décadence d'autant plus rapide

que seront plus grands les progrès des colonies où l'esclavage a disparu.

Mais il y a d'autres raisons, qui, pour chacun de ces pays, doivent hâter l'abolition de l'esclavage.

Pour le Brésil, par exemple, le maintien de ce régime est sans excuse. Dans les trois quarts de l'empire, la race blanche, comme la race indigène, n'a rien à craindre du climat. La proclamation de la liberté pourra y attirer l'émigration que l'esclavage en détourne. D'ailleurs, l'expérience de nos colonies le prouve : l'émancipation ne sera point une destruction, mais une transformation du travail; et les exemples donnés par l'empereur dans sa nouvelle ville de Pétropolis, à quelques lieues de Rio, par le prince de Joinville sur les terres de la princesse sa femme, montrent combien elle sera facile. L'émancipation ouvrira donc au Brésil une ère nouvelle pleine des plus légitimes espérances; elle ne sera point un péril politique, elle ne menace pas d'être une charge supérieure à ce que peut supporter le pays; et chaque jour de retard rendra la solution plus onéreuse et plus difficile, sans la rendre moins nécessaire.

On en peut dire autant des colonies espagnoles.

Sans doute, Cuba et Porto-Rico sont aujourd'hui plus florissantes qu'elles ne l'ont jamais été. La ruine de Saint-Domingue avait depuis longtemps laissé sans conteste à Cuba le titre de reine des Antilles, et sa prospérité, nous l'avons dit, a dû s'étendre par la crise passagère que les colonies de l'Angleterre et de la France viennent de traverser. Mais cette prospérité cache mal le germe de mort qu'elle porte en soi. Si l'esclavage avait pu réussir quelque part, c'est à Cuba : les lois sont favorables, les mœurs douces; la population est en progrès. Et pourtant, si l'on consulte les chiffres de la douane tant que la traite a été avouée, si l'on tient compte de tout ce qui s'est fait subrepticement depuis qu'elle est défendue, on verra que cet accroissement recèle au fond une rapide destruction de la race asservie. On manque de bras; et des gouverneurs déclarent que la répression de la traite en est la cause. Le fait est donc bien avéré, l'esclavage ne peut pas se suffire à lui-même; et, comme nous le disions, comme l'avouent les gouverneurs espagnols, à moins de rétablir la traite, il faut se résigner au déclin de cet état de choses qu'on oppose aujourd'hui au régime de la liberté. Les esclaves périssent : et qui oserait alléguer leurs progrès dans la civilisation, quand ce qui devrait les civiliser, la religion elle-même et la justice, sont corrompues par le contact de l'esclavage? Qui oserait vanter les progrès de la colonie, quand le luxe seul s'y est accru, et qu'une terre si heureuse n'offre à ces colons privilégiés que le péril de la révolte à la maison et le despotisme dans l'État, seule garantie et juste châtiment du despotisme domestique?

« En résumé, dit M. Cochin, avec un esclavage adouci, continuellement renouvelé par la traite, l'île ne s'est pas peuplée; avec de magnifiques éléments de richesse, la propriété est en général obérée par les dettes, dévorée par le luxe; la terre est devenue une fabrique; une force militaire considérable, un pouvoir supérieur illimité, n'ont pas empêché des révoltes, l'état de siège, le bannissement; la religion s'est corrompue au lieu de civiliser; la justice est abaissée; les mœurs dissolues; les blancs soumis, sans aucune liberté politique, au pouvoir absolu dont ils ont besoin pour se protéger contre la révolte. » (T. II, p. 213.)

Pourquoi donc l'Espagne ne cherche-t-elle point à cette situation le remède que nous y avons cherché pour nous-mêmes? et comment l'exemple de nos colonies, se relevant et s'avançant dans la voie du progrès après une crise nécessaire, ne l'encourage-t-elle point à entrer hardiment dans cette voie à son tour? L'épreuve serait pour elle moins longue et moins pénible par le fait de notre expérience; et, avant même notre expérience, le succès en était assuré par les résultats que donne depuis 1845, à Porto-Rico, le travail libre non-seulement des noirs mais des blancs, même en regard de l'esclavage. L'obstacle serait-il politique? et faudrait-il en chercher la raison dans des dangers de voisinage, qui, là, feraient maintenir la servitude comme ailleurs ils poussent à l'émancipation? M. Cochin dit, en parlant de l'esclavage aux États-Unis :

« Aujourd'hui, l'Espagne ne peut pas émanciper : l'affranchissement serait le signal d'une insurrection ou d'une trahison; ou bien les esclaves feraient de Cuba un nouveau Saint-Domingue; ou bien les propriétaires de Cuba, doublement désireux de garder leurs esclaves et de se débarrasser des fonctionnaires et des impôts, tendraient la main à l'Amérique du Nord. Or celle-ci ne veut pas que l'Espagne émancipe ses esclaves, de peur que l'exemple ne soit contagieux dans les États du Sud; elle propose d'acheter, elle se réserve de prendre. L'Espagne est en quelque sorte enfermée dans un crime par un autre crime. » (T. II, p. 42.)

C'est un péril et une objection en même temps. Mais plus bas, en parlant des dangers de l'Espagne devant les convoitises de cette même nation, l'auteur ajoute :

« Heureusement pour l'Espagne, la Providence lui accorde un répit et une occasion de se relever. A la faveur de la crise qui déchire les États-Unis, par une démarche hardie, l'Espagne a recouvré Santo-Domingo, et elle est sans doute disposée à placer sa main dans les révolutions du Mexique. Maîtresse ou protectrice de deux terres sans esclaves, comment conservera-t-elle la troisième et la plus belle, comment s'assurera-t-elle la possession de Cuba? Le seul moyen, c'est d'émanciper les esclaves! Le Sud des

États-Unis n'aura plus le même intérêt à l'annexion ; s'il la tente, l'asser-
vissement d'une terre libre pour y établir l'esclavage fera horreur au monde
entier, et l'Espagne obtiendra plus aisément l'appui de l'Europe. Quatre
cent mille noirs et deux cent mille mulâtres défendront le droit de l'Espagne avec leur liberté. L'émancipation lui enlèvera des esclaves et lui don-
nera des défenseurs... Je le répète avec un écrivain distingué (M. Cucheval-
Clarigny), l'abolition de l'esclavage est le moyen le plus infaillible d'assurer
à l'Espagne la possession de Cuba. » (P. 220-221.)

Nous sommes complétement de ce dernier avis.

Oui, la crise est grave, et la guerre allumée dans les États-Unis
n'est qu'un répit plein de dangers, à bien voir ce qui doit suivre.
Séparés du Nord, les États du Sud ne seront que plus portés à s'a-
grandir de Cuba ; reliés au Nord par l'accord ou par la défaite, Cuba
sera encore comme le gage de la réconciliation. Tant de soldats, im-
provisés pour la guerre civile, ne se sépareront pas sans chercher
quelque satisfaction dans la guerre étrangère ; ils voudront se payer de
leurs frais : ils se payeront par un agrandissement convoité au point
de vue américain comme au point de vue de l'esclavage. Mais, au milieu de ces périls que l'Espagne a rendus plus graves en différant l'é-
mancipation jusqu'aujourd'hui, le plus grand espoir de salut qui lui
reste, c'est encore l'émancipation. Abolir l'esclavage, c'est pour elle
la meilleure chance de détourner de la conquête et le plus sûr moyen
d'y résister.

Nous venons d'indiquer la crise des États-Unis : c'est peut-être le
plus grand enseignement que puisse donner l'histoire de l'esclavage.
Pour le bien entendre, il faut reprendre, avec M. Cochin, cette histoire de l'Amérique du Nord depuis l'époque où l'Union s'est formée,
jusqu'à ce jour où elle est à la veille de se dissoudre. Leçon terrible :
l'esclavage, que les plus sages auteurs de la Constitution voulaient
en bannir, qu'une voix de plus en aurait expressément repoussé,
qu'aucune voix n'y fit inscrire, l'esclavage maintenu par le seul fait
qu'on le passait sous silence, est ce qui menace de rompre aujour-
d'hui, dans la période de ses plus grands développements et de sa
force, cette république fondée au nom de la liberté ! Et cette crise
n'est pas un accident, mais le dénoûment d'une situation dès longtemps préparée. M. Cochin montre comment, dès l'origine, elle se
prépare, et il rappelle les actes divers qui marquent comme autant
d'étapes dans cette marche fatale. La traite, prohibée en 1794, mais
remplacée immédiatement par l'*élève des nègres*, sorte d'industrie
moins sanglante sans doute, mais peut-être plus dégradante encore ;
car, là, rien ne distingue plus l'homme de la brute : — le compro-

mis du Missouri (1820), qui emprunte à la mécanique céleste un terme d'accommodement sur le terrain de l'esclavage, et marque le cercle de latitude où s'arrêtera la servitude et où commencera la liberté; — le bill des fugitifs en 1850 : compromis acceptés (non sans plus d'une infraction) tant que les États à esclaves, inférieurs aux autres par le nombre comme par la richesse, gardèrent, grâce à la division de leurs adversaires et au jeu de la constitution, le moyen de nommer parmi les leurs le président de la république; mais qui sont devenus insuffisants à leurs yeux, du jour où, en perdant cette position, ils purent craindre, à tort ou à raison, que leur *institution particulière*, comme ils appellent l'esclavage, fût menacée. M. Cochin, après avoir rapidement tracé ce cadre historique, entre au cœur de son sujet, met en présence et discute le Nord et le Sud par tous les moyens de comparaison que lui fournit la statistique; puis il reprend la question générale de l'esclavage, et examine, pour les réfuter l'un après l'autre, les arguments généraux ou les raisons spéciales qu'on fait valoir dans les États-Unis en sa faveur : si l'esclavage est une voie qui mène le barbare à la civilisation, le païen au christianisme; si la race, si le climat, si l'intérêt bien entendu, imposent l'esclavage : toutes questions qu'il semblerait vraiment bien superflu de discuter encore, si l'on ne se trouvait en présence d'un fait toujours subsistant à la honte du christianisme et de la raison. Aux théories de ceux qui vantent la douceur de l'esclavage il oppose des faits que tout le monde appréciera; à ceux qui disent que les esclaves sont heureux, il oppose ce que les esclaves eux-mêmes en pensent : témoignages recueillis dans un livre curieux qui a été écrit, en quelque sorte, sous la dictée des noirs réfugiés au Canada. M. Cochin examine ensuite quels sont les moyens qui peuvent mener à l'abolition de l'esclavage aux États-Unis. Il montre qu'elle ne serait en aucune sorte contraire à la constitution ; que le Congrès aurait le droit de la prononcer pour l'Union tout entière, que les législatures particulières pourraient au moins supprimer l'esclavage successivement dans chaque État : mais en verrait-on jamais la fin? Aussi croit-il que le meilleur mode serait l'abolition immédiate avec l'indemnité que le droit strict ne commande pas, mais que l'équité réclame. Il ne nie pas que la transition ne soit plus difficile et la crise plus grave dans un pays où tant de bras sont retenus en servitude, où tant d'espace est ouvert à la liberté. Mais, si nulle part il n'y a plus d'esclaves, nulle part aussi il n'y a plus d'émigrants, de ces émigrants volontaires qui ne se détournent des États du Sud que parce qu'ils y trouvent l'esclavage; et, du reste, au mal possible et, dans tous les cas, temporaire, de l'abolition, il oppose les inévitables conséquences du maintien de l'esclavage : « La religion profanée, anéantie; la première république du monde déshonorée; au sein d'un grand peuple libre, la décadence certaine, la séparation imminente, l'extermination possible. »

Mais ce n'est plus dans ces termes que la question est posée aujourd'hui. Le sanglant drame de Harper's Ferry l'a transportée sur un autre terrain; et le vieux Brown, pendu comme en trophée par les partisans de l'esclavage qu'il attaquait à force ouverte, a remué, du haut de son gibet, les cœurs de tous les citoyens attachés à la cause dont il a été le martyr. C'est lui qui a ramené tous les esprits des hommes du Nord à cet oubli de leurs divisions de partis, à cet accord parfait, d'où est sortie l'élection du président Lincoln. On sait quelles en ont été les suites. Sans attendre aucun acte d'agression, sans demander d'autre prétexte, les États à esclaves se séparent, et la guerre est ouverte entre ceux qui rompent l'Union et ceux qui la veulent maintenir. La grande question de l'émancipation se trouve par là forcément engagée : comment et après quelles vicissitudes sera-t-elle résolue? Nul ne le peut dire. Mais, grâces à Dieu, l'esclavage ne peut rien gagner à cette lutte. La victoire du Nord, c'est la destruction de cet odieux régime. La victoire du Sud n'en serait pas la consécration; elle ne serait qu'un ajournement où s'aggraveraient toutes les difficutés. Quant à la séparation, ce serait la suppression de tous les compromis que les États à esclaves n'ont pas même jugés suffisants pour maintenir l'esclavage : on verrait alors combien de temps, sans ces lois honteusement protectrices, durerait une confédération fondée sur l'esclavage, en présence des États restés fidèles à la loi comme à l'esprit de leur première institution.

M. Cochin n'a pas voulu terminer son livre sans parler plus spécialement de la traite, cette institution universellement proscrite aujourd'hui, mais si intimement liée à la théorie comme à la pratique de l'esclavage. Si l'esclavage était cette excellente école que l'on dit, cet apprentissage de religion et de travail, sources de toute civilisation, la traite rivaliserait avec l'œuvre de nos missionnaires, et les traitants pourraient un jour revendiquer quelque place sur nos autels! Il est bon de déchirer une dernière fois ce masque de philanthropie que prenait l'institution de l'esclavage pour se faire accepter du temps présent. Après la traite, l'auteur revient encore sur l'immigration, cette sorte de traite libre que les ruines amoncelées par l'esclavage ont fait regarder comme un auxiliaire indispensable à l'affermissement de l'ordre nouveau; mais en l'acceptant, il demande qu'on la surveille et qu'on la dirige; il ne veut pas qu'elle ressuscite l'ancienne traite dans ses violences et l'esclavage dans son immoralité.

Malgré l'importance des documents de toutes sortes si patiemment

recueillis et si utilement rapprochés dans ce livre, M. Cochin aurait
fait une œuvre incomplète si, en opposant l'esclavage et la liberté, et
en montrant l'accord de la raison, du droit et de l'intérêt pour justi-
fier et pour rendre général le passage de l'un à l'autre, il n'avait
indiqué la pensée qui doit présider à la transformation. Cette pensée,
l'idée chrétienne, est celle qui l'a conduit lui-même à cette grave
étude, et elle domine dans tout son ouvrage; elle respire, sans avoir
besoin d'être exprimée autrement, dans ces lignes si vraies et si tou-
chantes :

« Une si longue étude serait une fatigue si elle ne réservait d'immenses
compensations. Il en est de l'affranchissement d'un esclave comme de l'é-
ducation d'un enfant; rien de plus monotone à suivre dans le détail; mais,
quand on voit que tant de soins fastidieux ont fait un homme, on ne regrette
rien de l'ennui qu'ils ont causé. Je ne me plains point de la peine qui m'a
conduit à des conclusions irréfragables, élevées, en dépit de dénégations
intéressées ou d'objections tirées d'observations partielles, à la hauteur de
vérités historiques. » (T. I, p. 385.)

C'est le christianisme qui assurera les destinées nouvelles de la
liberté, comme c'est lui qui a conduit à l'abolition de l'esclavage.
M. Cochin a voulu plus spécialement exposer cette origine et marquer
ce but d'abord dans son introduction, qui est elle-même un hom-
mage à M. le duc de Broglie, comme au plus digne modèle de l'abo-
litionniste chrétien ; puis dans une conclusion étendue, sous ce titre :
le Christianisme et l'Esclavage. Ce livre, dans son ensemble, pourra
servir de pendant au beau rapport de celui à qui il est dédié; avec
cette différence pourtant, que l'un, venant, à la veille de l'émancipation, dresser le bilan de l'ancien régime colonial, n'est point à refaire :
il demeurera comme un monument élevé chez nous aux frontières de
l'esclavage et de la liberté; l'autre, au contraire, pourra toujours être
remanié avec profit, non qu'il s'agisse d'en changer les conclusions,
mais afin de les étendre et de les affermir par des résultats nouveaux.
Mais cela n'est pas refaire un livre, c'est en donner une édition nouvelle. Puisse l'auteur, dans l'une des plus prochaines, être mis en
demeure de supprimer toute sa seconde partie, et, au lieu de mettre
en regard des colonies où l'esclavage est aboli les États où il subsiste
encore, n'avoir plus à constater partout que les heureux effets de
l'émancipation !

PARIS. — IMP. SIMON RAÇON ET COMP., RUE D'ERFURTH, 1.

www.ingramcontent.com/pod-product-compliance
Lightning Source LLC
La Vergne TN
LVHW020456060726
842525LV00005B/1739